Hugo Portisch

So sah ich
Mein Leben

story.one – Life is a story

Aufgezeichnet von Hannes Steiner

Bearbeitet und in einen historischen
Kontext gesetzt von Martin Haidinger

story.one

1. Auflage 2021

Eine Marke der Storylution GmbH

2010 hat Hugo Portisch dem befreundeten Verleger Hannes Steiner (story.one) in insgesamt 30 Stunden sein Leben erzählt. Dieser hält gemeinsam mit dem Unternehmer Michael Kraus die Rechte an diesen „Toskana Tapes“.
Geplant ist ein Hugo-Portisch-Preis für exzellente journalistische Leistungen und eine Sommerakademie für Journalisten im Toskana-Haus von Hugo Portisch, das er im Alter an Michael Kraus verkaufte.

Gesetzt aus Minion Pro und Lato.

Lektorat: Joe Rabl

Printed in the European Union.

ISBN: 978-3-903715-06-6

Was soll auf meinem Grabstein stehen?
Die Antwort ist: Vergesst mich.
Ich erhebe keinen Anspruch, die Leute
auch noch nach dem Tod zu belästigen.

INHALT

Nicht das Dritte Reich …

Ich bin nicht mehrsprachig aufgewachsen – leider! Das lag einfach daran, dass die deutsche Schule die nächste in der Nachbarschaft war.

Hugo Portisch wird am 19. Februar 1927 in Pressburg/Bratislava als zweiter Sohn von Hedi und Emil Portisch geboren, einer Stadt in der jungen Tschechoslowakei, 60 Kilometer von Wien entfernt. Der Vater, Chefredakteur der liberalen, deutschsprachigen „Preßburger Zeitung“, stammt aus St. Pölten. Die Bevölkerung ist dreisprachig und viele beherrschen Deutsch, Slowakisch und Ungarisch. Hugo besucht ab 1933 die deutsche evangelische Grundschule. Dort unterrichten vor allem demokratisch eingestellte Lehrer, und das, wo doch die Zeichen ringsum in Europa allerorten auf Diktatur stehen.

1938 besetzt Hitler zunächst das Sudetenland, dann die von den Nazis so genannte „Rest-Tschechei“. Die Tschechoslowakei wird zerschlagen und in der „selbstständigen“ Slowakei kommt ein autoritäres, antisemitisches

Regime von Hitlers Gnaden ans Ruder. Da ist Hugo Portisch zwölf Jahre alt und Schüler im katholischen deutschen Gymnasium in Pressburg. O Wunder, haben auch dort weiterhin liberale Lehrer das Sagen! In der Zeitung lesen die Jungen im Dezember 1941 von der Atlantik-Charta, die die USA und Großbritannien nach dem deutschen Überfall auf die Sowjetunion unterzeichnet haben – ein wichtiger Schritt auf dem Weg zur Gründung der Vereinten Nationen.

Dort wurde berichtet, dass Roosevelt und Churchill nach der Unterzeichnung gemeinsam die Hymne „Onward, Christian Soldiers" gesungen haben. Da kam unser Englischprofessor herein, ein ungeheuer gemütlicher und musikalischer Bursche, der uns jede zweite Stunde ein neues englisches Lied beigebracht hat.

An diesem Tag hat er gesagt: „Bitte ‚Onward, Christian Soldiers'. Macht die Fenster zu!" Dann haben wir die Fenster geschlossen und er hat uns gelehrt: „Onward, Christian Soldiers, onward as to war, with the cross of Jesus …!" Ich kann es heute noch. Wir haben auch die BBC in allen Sprachen abgehört und ich habe das als ganz normal empfunden.

Im Religionsunterricht hatten wir einen Pfarrer namens Klecka, einen Schlesier, der vor dem Nazismus aus Breslau geflüchtet ist. Es war aber nun vorgeschrieben, in den deutschen Schulen – auch in der Slowakei – mit „Heil Hitler" zu grüßen. Bei Pater Klecka lief das so: „Heil Hitler im Namen des Vaters, des Sohnes und des Heiligen Geistes, Vater unser, der du bist im Himmel …"

Und der Geschichtslehrer Gratzer hat sich einmal mit dem Ruf „Liberté, égalité, fraternité!" verabschiedet. Das sind für mich prägende Erlebnisse! In Deutschland wäre das unvorstellbar gewesen. Man hat in der Slowakei eine differenzierte Sozialisierung erfahren. Es war eben nicht das Dritte Reich.

Mitten im Zweiten Weltkrieg wird Hugo Portisch in Pressburg also zum Teil von Nazi-Gegnern unterrichtet und zum Demokraten erzogen. Tatsächlich unglaublich, aber wahr!

Nie wieder Diktatur!

Am 19. Februar 1945 wird Hugo 18 Jahre alt. Die Sowjettruppen stehen bereits im Osten der Slowakei. Seine Mitschüler und er bekommen einen Blitzlehrgang und im März 45 ein Maturazeugnis ausgehändigt. Gekoppelt ist es per Vermerk an die sofortige Einberufung zur Waffen-SS, weil „Volksdeutsche" zu dieser und nicht zur Wehrmacht eingezogen werden – eine schreckliche Aussicht, praktisch ein Todesurteil! Die Burschen werden per Eisenbahn nach Wien geschickt, um sich im „Arsenal", einem großen militärischen Gebäudekomplex, zur SS zu melden. Ein älterer Freund gibt ihm einen Tipp:

Er schrieb: „Im Arsenal gibt es einen SS-Offizier namens Heilig" – ausgerechnet Heilig! – „der stellt die Marschbefehle aus. Der ist bestechlich. Dem musst du für einen Marschbefehl deines Wunsches einen Liter Schnaps und hundert Zigaretten geben!" Also hab ich den Koffer mit zehn Schnapsflaschen und tausend Zigaretten angefüllt. Das war mein einziges Gepäck. So bin ich im Arsenal eingerückt. Und habe dem Heilig glatt gesagt: „Kann ich mir einen Befehl aussuchen?

Ich habe Schnaps und Zigaretten mit." – „Jaja", hat er geantwortet. „Haben Sie ein paar Kameraden, die Sie mitnehmen wollen?" Habe ich gesagt: „Ja, natürlich habe ich Kameraden, die ich mitnehmen will. Meine drei Freunde." – „Ich gebe Ihnen einen Marschbefehl nach Prag, dass Sie sich dort melden müssen. Aber ich schreibe kein Datum drauf." So gingen wir also mit dem Marschbefehl nach Prag ohne Datum – in Zivil, völlig unangetastet. Dabei waren wir eigentlich schon reif zum Erschießen.

Auf abenteuerlichen Wegen fahren die vier Freunde wochenlang in überfüllten Zügen kreuz und quer durch Böhmen und Mähren, entkommen mit dem fragwürdigen Dokument mehrmals der Verhaftung und Liquidierung als Deserteure. Dazwischen versteckt sich Hugo in Niederösterreich bei einem Onkel:

Von der Scheune des Bauernhofs aus sah ich auf der Straße von Rekawinkel nach St. Pölten einen langen Zug von fürchterlich aussehenden Leuten, abgefetzt, mager bis auf die Knochen. Die Frau meines Onkels hat ihnen Wasser gegeben. Dann kam ein Wachposten, hat sie mit dem Gewehrkolben vertrieben und das Wasser ausgeschüttet. Dieses Bild verfolgt mich bis zum heutigen Tag. Es war ein Zug der Todesmärsche von KZ-Insassen. Und ich habe einen solchen gesehen. Unglaublich.

In Böhmen erlebt der 18-jährige Hugo das Kriegsende und flieht, diesmal als „Deutscher“, vor den Tschechen nach Österreich. Sein Fazit:

Ich hatte jeden Tag eine solche Freude, am Leben zu sein. Jeden Tag wie ein Morgen- und Abendgebet war das für mich. Freiheit! Du kannst tun und lassen, was du willst. Und nie wieder Diktatur! Das ist mir in Fleisch und Blut übergegangen!

Amerika war für uns eine Märchenwelt

In Wien wird der Antifaschist Hugo Portisch 1945 zum Antikommunisten:

Die Fronttruppen der Roten Armee waren noch, glaube ich, durchwegs in Ordnung. Die haben sich sehr ordentlich benommen. Aber der Tross, der gleich hintennach kam, der war dressiert auf Vergewaltigung und Plünderung. Das war eine Schreckensherrschaft! Man soll nicht im Nachhinein versuchen zu sagen: „Das war gar nicht so arg." Es war sehr arg! Daher haben sich die Russen dieses Eigentor geschossen. Mit dem Benehmen ihrer Leute war der Kommunismus für die Leute gestorben. Außerdem hatten alle aus meiner Generation, die ich kannte, dieses ganz intensive und tolle Gefühl der Befreiung. Deshalb bin ich auch wahrscheinlich im Kalten Krieg ein recht Kalter Krieger gewesen.

1950 arbeitet Portisch bei dem ÖVP-Blatt „Wiener Tageszeitung" und wird zu einem Journalistenkurs in die USA eingeladen. In der „School of Journalism" an der Columbus University in Missouri erfährt er vom Dekan, dem renommierten Medienwissenschaftler Frank Luther Mott, grundlegende Prinzipien des Journalismus westlicher Prägung:

Die erste Grundvoraussetzung für einen Journalisten ist, dass er sich mit allen Möglichkeiten bemüht, die Wahrheit herauszufinden. Nur dann hat er ein Recht zu publizieren, unter dem Motto: Check – Recheck – Doublecheck. Du musst, wenn du eine Nachricht oder eine Meinung hörst, überprüfen, nochmals überprüfen und ein drittes Mal überprüfen. Das nächste Ding ist: „Audiatur et altera pars" aus dem römischen Recht. Du musst auch wissen, wie die andere Seite denkt und was sie dazu zu sagen hat. Die dritte Lektion ist: Wenn nicht so sicher ist, was wahr ist und wer recht hat, dann gilt: „In dubio pro reo" – im Zweifel für den Angeklagten! Er hat das mit einem solchen Pathos vorgetragen, der Dekan Mott, dass uns die Ganslhaut heruntergelaufen ist.

Die Realität in Österreich sieht dagegen ganz anders aus:

Bei uns konnte man Politiker gar nicht richtig befragen. 1947, 48, 49 hat dich ja als Journalist gar keiner empfangen und die Beamten hatten alle Redeverbot. Bis in die 60er-Jahre blieb es so, dass kein Politiker einen Journalisten vorgelassen hat, wenn er nicht wollte. Daher war Amerika für uns 1950 eine Märchenwelt! Heute, wo die investigativen Journalisten überall nachstöbern können, Informationen bekommen und notfalls vielleicht sogar mit dem Scheckbuch nachhelfen und aufdecken können, ist das alles nicht mehr überraschend. Es ist eine andere Art des Journalismus. Meiner Ansicht nach leider nicht die beste …

Die USA werden zum Sehnsuchtsland für die Portischs. Für seine Frau Traudi, die er 1949 geheiratet hat, und ihn steht damals fest: Hier wollen wir bleiben! Wir wandern aus – doch es kommt anders.

Bis zum Sonntag: Stadion dürfte
Neuer KURIER
Gipfelkonferenz soll jetzt nur zwischen
den USA und der Sowjetunion stattfinden

Bin Türke. Komme!

Anfang der 50er-Jahre ist Hugo beim Österreichischen Informationsdienst des Generalkonsulats in New York angestellt. Er trifft auch Exilösterreicher wie den ehemaligen Bundeskanzler Kurt Schuschnigg. Der bittet Portisch und andere österreichische Journalisten, Details über tschechische Waffenlieferungen an den sozialdemokratischen Schutzbund im Bürgerkrieg des Jahres 1934 herauszufinden.

Denn dann wäre doch die Niederschlagung des Schutzbundes im Jahr 1934 gerechtfertigt gewesen? – Wir sind dort mit offenem Mund gesessen und sagten: „Bitte, wir haben die Russen im Land, Österreich ist vierfach besetzt. Wo ist der Schutzbund? Wann war 1934? Und was sind unsere heutigen Sorgen?“ Aber das hat er zu diesem Zeitpunkt noch nicht ganz kapiert …

1954 betreut Portisch Bundeskanzler Julius Raab (ÖVP), der nicht Englisch kann, bei dessen Staatsbesuch in den USA. Am letzten Tag sitzen sie zusammen im Hotel und ziehen Bilanz:

Auf einmal klopft es und ein Page kommt herein. Er hält ein Schreiben in der Hand und sagt: „I've got a cable for Mr. Portisch." Sagt der Raab: „Was ist das?" Sag ich: „Offenbar ein Telegramm." „Von wem ist es denn?", fragt der Bundeskanzler. Es war vom Journalisten Hans Dichand, der schrieb: „Bin soeben Chefredakteur des ‚Neuen Kurier' geworden. Lade dich ein, mit mir die Zeitung zu machen. Schon die Türken fanden, dass es sich auszahlt, von weither zu kommen, um Wien zu erobern. Dein Hans." Ich lese das leise vor mich hin. Der Kanzler sitzt daneben, beugt sich herüber, liest das Ganze mit und sagt dann: „Das werden Sie doch machen, nicht?" – „Ja, ich nehme an, dass ich's machen werde." Das war also die Einladung vom Dichand, zurück nach Österreich zu kommen. Sofort, in der nächsten Stunde, habe ich schon geantwortet: „Bin Türke. Komme. Dein Hugo".

Es hat sich dann zwar noch ein paar Monate verzögert, weil mich die aus New York nicht gleich weglassen wollten, aber so bin ich dann zum „Kurier" gekommen. Der Dichand war Chefredakteur und ich wurde sein Stellvertreter und habe die Außenpolitik übernommen. Gleich zu Beginn hatte ich ein großes Glück: Da starb Einstein, ich konnte meinen ersten Leitartikel über ihn schreiben. Das war ungewöhnlich, denn in Österreich hat man Albert Einstein damals noch nicht wirklich als großen Mann wahrgenommen – wir aber sehr wohl! Ab da habe ich – im Gegensatz zu Dichand, der das nie getan hat – in der Regel die Leitartikel geschrieben. Damit war ich im „Kurier" der Meinungsmacher.

Interessanterweise hat Julius Raab unsere Zusammenarbeit beziehungsweise meine Hilfsdienste in Amerika nicht vergessen. Denn er hat mich sehr bald danach zum Kaffeetrinken eingeladen und hat das auch beibehalten, ich wurde in gewissen Abständen immer wieder eingeladen. Dabei hat er mir dann auch so manchen seiner politischen Pläne enthüllt. Er hatte gute Gründe, mit mir Gedanken auszutauschen: „Damit ich Ihre Leitartikel, wenn schon, dann zu Recht angreife und nicht zu Unrecht!"

Niemand hat es geglaubt

An einem Spätnachmittag im April 1955 läutet Portischs Telefon in der „Kurier"-Redaktion. Am Apparat ist Bundeskanzler Raabs Sekretär Erich Haider in Moskau, wo gerade wieder einmal die österreichische Regierungsdelegation am Verhandeln um den heiß ersehnten Staatsvertrag ist, der Österreich frei machen soll:

Heute kann ich es ja sagen. Damals habe ich es streng geheim gehalten: War der Haider am Telefon und sagt: „Du, wir sind durch! Ich sage dir, wie es ausgehen wird: Wir bekommen den Staatsvertrag, alle Besatzungsmächte werden abziehen, alle Kriegsgefangenen und andere politische Gefangene werden freigelassen und werden ihre Heimat wiedersehen." Wörtlich! Ich bin ganz weg gewesen. Ich habe das nicht erwartet. Niemand hat erwartet, dass der Staatsvertrag kommt. Zehn Jahre lang ist jede Staatsvertragsverhandlung gescheitert. Jede! Auch die hoffnungsvollste. Es gab ja einige, die sehr hoffnungsvoll waren. Ein Jahr vorher in Berlin haben wir den Staatsvertrag auch schon fast in der Hand gehabt. Nur haben da noch die Sowjets darauf bestanden, dass sie mit einem kleinen Kontingent im Land bleiben. Und jetzt das? Das kann nicht wahr sein! Sagt er: „Du kannst dich drauf verlassen, es stimmt."

Daraufhin rufe ich den Dichand an: „Machen wir ein Extrablatt!" – „Sofort ein Extrablatt! Ruf den Herausgeber Ludwig Polsterer an." Sagt der, ja, einverstanden, Extrablatt. Wir rufen die Leute in der Setzerei zusammen, dort war ja keiner mehr, der „Kurier" ist zu Mittag erschienen und wurde in der Früh gemacht. Die Setzer hatten aber ein gutes Alarmsystem und wir haben eine einblättrige Zeitung produziert mit großen Headlines: „Österreich wird frei! Der Staatsvertrag wird abgeschlossen!" Alles hat sich überstürzt. Nur hatten wir am Abend um sieben Uhr keine Kolporteure! Was machen wir jetzt?

Da habe ich gesagt: „Die ganze Redaktion, jeder nimmt sich einen Schüppel Extrablätter unter den Arm und wir laufen überall in die Stadt und schreien: ‚Österreich wird frei. Der Staatsvertrag wird abgeschlossen!' So bringen wir das unter die Leute." Der Dichand und ich nehmen uns jeder einen Schüppel Zeitungen in die Hand und laufen auf die Kärntner Straße. „Du läufst links, ich laufe rechts." Auf beiden Seiten der Kärntner Straße: „Österreich wird frei!" Aber die Leute haben nur gelacht: „Wen haltet ihr denn zum Narren? Seid ihr blöd! Schleichts euch mit dem Schmäh!" Niemand hat es geglaubt. „50 Groschen? Das ist nicht einmal 50 Groschen wert. Behaltet euch das Kasblattl!" Da habe ich gesagt: „Wir schenken es her." Und wir haben es verschenkt. Aber niemand hat es geglaubt.

Am nächsten Tag wurde es dann allgemein bekannt, aber der Erich Haider hat seine Entlassung riskiert, als er mir das aus Moskau noch vor dem ÖVP-Pressedienst durchgegeben hat. Er hat sich gedacht: Der „Kurier" erscheint ohnehin erst zu Mittag, da braucht's keine Sperrfrist …

Drei Jahre danach löst Hugo Portisch, der Journalist mit den guten Kontakten, Hans Dichand als Chefredakteur ab. Da ist er 31 Jahre jung.

Pyramiden und Panzer

1956 verstaatlicht der ägyptische Präsident Gamal Abdel Nasser die Suezkanal-Gesellschaft und brüskiert damit den Westen und Israel. Noch dazu, wo Nasser mit der Sowjetunion zusammenarbeitet und kommunistische Berater ins Land holt. Davon kann sich Hugo Portisch, der 1956 zum ersten Mal nach Ägypten reist, persönlich überzeugen. Nach der Besichtigung des Suezkanals will er auf der Post in Kairo ein Telegramm an die „Kurier"-Redaktion in Wien aufgeben, doch zunächst wird er dort von zwei Herren in weißen ägyptischen Uniformen in einen Nebenraum gebeten:

Die sprechen Sächsisch. Jetzt war mir natürlich schlagartig klar, die sind aus der DDR, die stehen in ägyptischen Diensten hier und sind die Deutsch-Zensoren. Sie haben mich verhörmäßig befragt, warum und wie ich zum Suezkanal gekommen bin.

Ein Oppositioneller namens Munir lädt Hugo zu einem Segelflug ein.

Wir sind in das Segelflugzeug, einen Doppelsitzer, eingestiegen. Ein Jeep hat uns gezogen und hochgeschleudert und wir sind über den Stadtrand von Kairo geflogen und hinaus in Richtung Pyramiden. Das einzige Mal in meinem Leben, dass ich die Pyramiden gesehen habe. Nachher nie wieder. Dann über die Wüste. Dort deutet der Munir nach unten und zeigt mir eine Unzahl von Panzern, die in der Wüste stehen. Ich konnte sie nicht zählen, aber es waren Dutzende, viele, hundert vielleicht. Das waren T34, sowjetische Panzer. Ich bin außer mir! Das ist eine sowjetische Bewaffnung Ägyptens. Es geht nicht nur um den Suezkanal. Nasser hat eine Bereitschaft zu kämpfen. Entweder für die Verteidigung Ägyptens oder sogar in einem Krieg gegen Israel.

Am nächsten Tag werde ich aufgeweckt, sehr zeitig, so um sechs Uhr. Es ist Munir, der sagt: „Sie müssen sofort mit mir kommen! Nehmen Sie alles mit, Sie verlassen Ägypten." Sage ich: „Ich habe noch …" – „Nichts. Sie haben gar nichts! Sie kommen jetzt mit mir. Sie verlassen Ägypten."

Ich steige in ein Auto ein, das fährt auf den Flugplatz, direkt aufs Flugfeld. Das Auto bleibt bei einer TWA (Trans World Airlines)-Maschine stehen. Ich gehe durch keine Kontrolle, besteige das Flugzeug. Eine Viertelstunde später hebt es ab und bringt mich über Rom nach Wien.

Später habe ich erfahren, die wollten mich holen, die Herren aus Sachsen. Die wollten mich dann ordentlich verhören dort. Der Munir hat das als kundiger Oppositioneller gewusst und hat mich aus dem Verkehr gezogen. Munir hat das für mich geschafft, und zwar mit voller Absicht, damit die Welt weiß, was mit dem Nasser los ist. Und die Welt hat es von mir erfahren. Denn ich kam nach Wien und habe natürlich das alles brühwarm geschrieben, auch die Panzer, die ich gesehen habe. Wo habe ich damit Schlagzeilen gemacht? In Israel natürlich. Die israelischen Zeitungen haben aufgemacht mit dem Panzer in der Wüste, auch die britischen Zeitungen. So wurde ich eigentlich ziemlich heftig in den Nahostkonflikt eingeschaltet und habe von da an immer eine gute Position gehabt.

Habsburg lag falsch

Seit Ende der 50er-Jahre beschäftigt die Habsburg-Frage und dann -Krise die Republik. Otto (von) Habsburg, der Sohn des letzten Kaisers von Österreich-Ungarn, verzichtet auf seine Thronansprüche und will nach Österreich einreisen. Das spaltet die Koalition und das Land. Die ÖVP hat mehrheitlich keinen Einwand, aber die SPÖ und auch die oppositionelle FPÖ laufen Sturm dagegen. Was will Otto Habsburg in Österreich? „Kurier"-Herausgeber Ludwig Polsterer, der viele adelige Freunde hat und eher prohabsburgisch eingestellt ist, reist bereits 1958 gemeinsam mit Chefredakteur Hugo Portisch zu Otto Habsburg in dessen Domizil in Pöcking am Starnberger See, um herauszufinden, was dieser in Österreich vorhat.

Dort hat der Otto Habsburg uns erklärt, dass er von verlässlichen Vertrauensleuten in Österreich Nachrichten bekommt, dass die Koalitionsregierung zwischen Volkspartei und Sozialisten völlig am Ende ist. Die beiden Parteien haben das Land mit dem Proporz und dem ganzen Filz in den Abgrund geführt. Da hat er nicht ganz un-

recht gehabt. Aber dann hat er gesagt, dass das Volk diese Regierung ablehnt und nach etwas Neuem lechzt. Da lag er natürlich ganz falsch, denn die Sozialpartnerschaft war eine beliebte Institution und bei jeder Wahl haben die Leute doch hauptsächlich rot oder schwarz gewählt. Und ich habe ihm gesagt: „Die Koalition ist nicht am Ende. Abgesehen davon hat ja diese Koalition vor drei Jahren den Staatsvertrag gebracht, also die Befreiung Österreichs. 1945 war die große Befreiung durch die Alliierten und 1955 war die Befreiung von den Alliierten durch die Koalition. In all dieser Zeit liegt eine Entwicklung Österreichs, die die Bevölkerung auf dieses Land eingeschworen hat. Die Bevölkerung liebt dieses Land. Nicht alle Politiker sind populär, aber viele. Von einem revolutionären Gedanken oder einer Befreiung ist hier nicht die Rede."

Das hat der Habsburg ganz strikt bestritten. Er weiß ganz genau durch seine Vertrauensleute, Österreich ist so reif für die Wende und für einen Umschwung wie Frankreich. Wie General de Gaulle will er als Retter nach Österreich kommen, durch eine demokratisch legitimierte Verfassungsänderung Bundespräsident und Bundeskanzler in einer Funktion zusammenlegen, einen „Justizkanzler", ein gerechtes Staatsoberhaupt schaffen, und dafür würde er kandidieren und sicher auch gewählt werden, denn das ganze Volk wartet auf ihn.

Wir wollten ihm das ausreden, denn es würde Österreich in Lager spalten und auch international nicht akzeptiert werden, und haben ihm versichert: „Herr Doktor, wir werden leider Gottes im ‚Kurier' ganz und gar gegen Sie Stellung nehmen müssen."

Später war Otto dann sehr versöhnlich und hat mir nach dem Begräbnis seiner Mutter Zita 1989 einen Dankesbrief für meinen Fernsehkommentar geschrieben. Wir sind immer als Gentlemen auseinandergegangen und würden uns auch wieder so begegnen.

Hundert Leute, eine Wurst

Hugo Portischs größtes Interesse gilt dem Weltgeschehen. Neben ihm schon bekannten Ländern wie den USA oder Großbritannien bereist er bereits zu Beginn der 60er-Jahre Länder in Asien, Lateinamerika und Afrika, die anderen westlichen Journalisten noch keinen Zutritt gewähren. Daraus entstehen Bücher der „So sah ich …"-Reihe, die allesamt zu Bestsellern werden. 1962 besucht der überzeugte Antikommunist zum ersten Mal die Sowjetunion. Von einer Dolmetscherin namens Alexandra begleitet, weiß er sehr genau zwischen den Menschen und dem Regime zu unterscheiden.

Alexandra hat mich die ganzen vier Wochen über begleitet und es war klar, dass sie mich auch zu überwachen hat. Jeden Tag ist sie eine halbe Stunde verschwunden, um darüber Bericht zu erstatten, was ich gemacht habe. Ich hatte einige sehr einschneidende Erlebnisse. Die langen Menschenschlangen vor dem großen Kaufhaus GUM in Moskau zum Beispiel. Ich dachte mir: Was gibt's dort zu kaufen? Die Lösung: Es war eine ziemlich wuchtige, runde Wurst, von der große

Scheiben abgeschnitten wurden. Um diese Wurstscheiben haben sich mehr als hundert Leute angestellt. Dann bin ich in ein Kaufhaus gegangen und habe gesehen, wie armselig dort alles ist, und wie teuer das Armselige ist. Eine ganz einfache Jacke war fast unbezahlbar für einen normalen Sowjetbürger. Gleichzeitig waren die Leute aber alle recht gut angezogen. Wie machen die das?, dachte ich. Sie waren munter, heiter und freundlich. In der Tat ein tolles Volk!

Alexandra war in manchen Fragen hilfreich, in ideologischen Angelegenheiten war sie aber völlig stur und von der Propaganda vollkommen falsch unterrichtet: In Korea haben die Amerikaner angegriffen und nicht die Nordkoreaner. Der Eiserne Vorhang ist natürlich nur dazu da, um die westlichen Spione davon abzuhalten, die sozialistischen Länder zu überrennen. In Sibirien steht auf jeder kleinen Brücke ein Mann mit einem Gewehr. „Wozu?", fragte ich sie. „Es ist ja kein Bürgerkrieg mehr." – Antwortet sie: „Die Brücken werden wegen der westlichen Agenten bewacht." Das schien mir doch unwahrscheinlich, 500 oder 1.000 Kilometer von der nächsten westlichen Grenze. Wo sollen da Agenten herkommen?

Nach ein paar Tagen hab ich vom KGB die Auskunft bekommen: Ich möge das verstehen, während des Krieges war das notwendig, weil es da ja tatsächlich überall Nazi-Agenten gab. Da hat man ein großes Wachkorps hauptsächlich für Brücken, Viadukte und Eisenbahnen aufgestellt. Jetzt, lange nach dem Krieg, wagt es niemand, diese Leute nach Hause zu schicken. Sie wären nämlich arbeitslos und sie können keine Arbeitslosen brauchen. Die bleiben weiterhin bei den Brücken stehen, weil das ihr Job ist. Den haben sie gelernt. Davon beziehen sie ihren Lebensunterhalt. Sie können sie nicht abziehen.

Wahrscheinlich tausende, die nur so dagestanden sind und die Brücken bewacht haben wegen nix und wieder nix. Unglaublich!

Wer bin ich schon gegen China?

Anfang August 1964 droht der bis dahin lokal begrenzte Vietnamkrieg ein Konflikt zwischen den Supermächten zu werden. Die USA sind im Begriff, direkt in den Krieg gegen das kommunistische Nordvietnam einzugreifen. Genau in diesen Wochen befindet sich Hugo Portisch im Rotchina Mao Zedongs – eine ungeheure Sensation, denn westlichen Journalisten bleibt China gewöhnlich verschlossen. Eines Tages wird Portisch zu einem Gespräch mit dem dritten Mann der obersten KP-Nomenklatura eingeladen, dem Außenminister Chen Yi.

Da fängt der Marschall Chen Yi an, mit mir zu reden. Ich begreife nicht gleich, was das soll. Er erzählt mir über Vietnam. 1964 erzählt er mir etwas über Vietnam! Und dass China überhaupt kein Interesse an diesem Land hat. Es sei ihnen völlig egal. Das ist ja nur Dschungel mit Giftschlangen, hat er wörtlich gesagt. Nicht einmal genug Reis für die eigene Bevölkerung gibt es dort. In Vietnam ist für China gar nichts zu holen.

Denke ich mir, warum sagt er mir das?

Natürlich, das amerikanische Engagement in Südvietnam war mir schon geläufig, dass die Amerikaner dort sind und so weiter. Ich frage ihn: Betrifft das den Krieg in Vietnam? Sagt er, ja, das betrifft den Krieg in Vietnam. Sage ich, den amerikanischen Krieg in Vietnam? Sagt er, ja, den amerikanischen Krieg in Vietnam. Dann sagt er mir, Sie wissen doch, die Amerikaner haben Hanoi bombardiert. Ich wusste es natürlich nicht. Ich hatte auch kein Funkgerät. Jetzt war mir also klar, dass die Amerikaner Hanoi bombardiert hatten. Das muss dieser Tage gewesen sein, vor ein paar Tagen oder sogar am Tag vorher. Habe ich gesagt: Ist das Ihrer Meinung nach der Beginn einer amerikanischen Invasion in Nordvietnam? Da hat er gesagt, das ist durchaus möglich, dass es eine amerikanische Invasion in Nordvietnam gibt. Wir haben allerdings dort keine Interessen. Habe ich gesagt, das heißt, dass es nicht so sein würde wie in Korea? Denn dort haben die Chinesen damals mit einer Riesenarmee eingegriffen.

Mir ist die Spucke weggeblieben. Hier sagt mir der Außenminister, ein Marschall, ein Weggenosse und Politbüromitglied und einer der engsten Mitarbeiter Mao Zedongs, dass, wenn die Ame-

rikaner in Nordvietnam einmarschieren, die Chinesen nichts tun werden.

Er will offenbar, dass ich diese Botschaft hinaustrage. Ich? Wer bin ich schon? Der Chefredakteur des „Kurier" in Wien. Was ist das im Verhältnis zu China und Amerika? Vielleicht weil es glaubhaft ist, wenn es über ein neutrales Land kommt?

Portisch bricht seine Chinareise ab und reist schleunigst nach Hongkong aus. Zwei Tage danach erscheint das Interview mit Chen Yi im „Kurier".

Tags darauf schreibt die „New York Times" ganz groß: „China does not want to go to war". China will nicht in den Krieg ziehen. Die USA haben Chen Yi zwar richtig verstanden, sind aber trotzdem nicht in Nordvietnam einmarschiert, obwohl das der einzige Weg gewesen wäre, den Krieg zu gewinnen. Eigentlich hatten sie grünes Licht von Peking, haben es aber nicht genützt.

Kuba – ärger als die DDR

1963 reist Portisch zum ersten Mal ins Kuba des kommunistischen Diktators Fidel Castro. In Havanna trifft er einen der wenigen dort tätigen westlichen Auslandsjournalisten, den Korrespondenten der britischen Nachrichtenagentur Reuters. Bei einem Abendessen schildert ihm der Kollege die Schikanen des Regimes:

Die Überwachung der Bevölkerung war so total, dass keiner eine Schreibmaschine besitzen durfte, denn die war ein gefährliches Werkzeug gegen die Regierung. Und wer unbedingt eine brauchte, musste sie registrieren lassen und wurde ständig observiert, damit er sie niemandem andern zur Verfügung stellt und nur das drauf schreibt, was ihm erlaubt ist. Sogar Nähmaschinen durfte man nicht von einem Stockwerk ins andere bringen, ohne es vorher der Sicherheitspolizei zu sagen. Ein ganz enges Netz der Überwachung – meiner Ansicht nach dichter und enger als das der Stasi in der DDR. Ich habe mir alles in Stichworten in ein kleines Notizbuch notiert.

Am Tag des Rückflugs nach Mexico City wird Portisch von der kubanischen Geheimpolizei am Flughafen aufgehalten und perlustriert.

Nicht sehr freundlich wurde ich dort behandelt. Sie haben den Koffer total durchwühlt, das Futter rausgeschnitten und alles, was ich mithatte, fanden aber nichts Verdächtiges. Dann haben sie mich im Raum allein gelassen und die Tür zum Nebenraum offen gelassen. Dort haben sie heftig miteinander debattiert. Ich habe mir gedacht: Das Nächste wird wohl sein: Jetzt untersuchen wir den Herrn Portisch. Was hat der mit am Leib? Da hatte ich eine Blitzeingabe, nehme das kleine Bücherl mit allen Notizen heraus, gehe zum Koffer, hebe den Deckel vom Koffer und hau das Büchl rein! Wenn ich ein Glück habe, schauen sie den Koffer nicht noch einmal an. Gleich danach kommen sie zurück und sagen: Entschuldigen Sie, wir müssen Sie leider leibesvisitieren …

Da bin ich davongekommen. Dann haben sie mich zum Verhör geführt. Da waren sie dann etwas freundlicher, aber sie haben gezeigt, dass sie alles wussten. Alles. Wo ich war, wie ich war. Alles war kontrolliert. Insbesondere das Abendessen mit dem Reuters-Korrespondenten. Um jedes Wort, das wir dort gesprochen haben, wussten sie. Der Tisch war mit Mikrofonen bestückt. Ich habe alles abgeleugnet und den Korrespondenten mit keinem einzigen Wort belastet. Zum Schluss haben sie das Handtuch geworfen, denn sie wussten ja ohnehin alles und hätten wahrscheinlich nur einen Zeugen für seine Aussagen gebraucht, der das unterschreibt, was er gesagt hat – dann hätten sie ihn gehabt! So hatten sie nur ihr Protokoll. Nach einer Stunde ließen sie mich dann heimfliegen.

Wochen später erfuhr ich, dass sie den Reuters-Korrespondenten sehr wohl des Landes verwiesen haben. Jedenfalls habe ich ihn nicht belastet. Ich habe natürlich im „Kurier" über Kuba geschrieben. Offensichtlich haben die Kubaner das als objektive Berichterstattung zur Kenntnis genommen.

Jede Häuslfrau bei der Partei

Schon längst ist Hugo Portisch der breiten Öffentlichkeit ein Begriff und nimmt im Radio und Fernsehen für den „Kurier“ regelmäßig an der „Runde der Chefredakteure“ teil, gemeinsam mit den Chefs der anderen wichtigen Tageszeitungen des Landes.

Wenn die Runde getagt hat, waren alle vor den Fernsehschirmen, weil es das einzig wirklich unkontrollierte, unzensierte Forum war, wo Dinge offen ausgesprochen worden sind und wo man ganz hart diskutiert hat. Ich hatte es, gebe ich zu, am leichtesten, weil der „Kurier“ wirklich vollkommen unabhängig war.

… im Unterschied zum damaligen ORF, den die Regierungsparteien ÖVP und SPÖ unter sich aufgeteilt hatten, so wie praktisch ganz Österreich. Proporz nennt man das – er lähmt das Land und erbittert viele Menschen.

Die Leute hatten den Proporz überall satt. Überall! Eine Häuslfrau in Wien konnte nur bestellt werden, wenn sie Parteimitglied war. Wo

Stadt, Land und Regierung und Bund was zu reden hatten, musste man der Partei beitreten und der Partei nahestehen, damit man diese und jene Position bekommt. In der verstaatlichten Industrie sowieso.

Im Radio und Fernsehen war's aber besonders arg. Wenn ein Autobahnstück eröffnet worden ist, dann sind dort der Bautenminister und der Wirtschaftsminister erschienen. Da war ausgemacht: Der wird 16 Sekunden gezeigt und der andere wird auch 16 Sekunden gezeigt. Beide wollen nichts reden. Rede wird nicht gehalten. Die Minister waren teilweise auch gar nicht herzeigbar.

Dann hieß es: So, jetzt ist es Zeit, dass der Herr Bundeskanzler der Bevölkerung etwas mitteilt oder der Herr Wirtschaftsminister oder der Finanzminister. Ruft den Rundfunk an, die sollen ein Team herschicken! Darauf hat der Pressemann oder der Sekretär vom Kanzler fünf Fragen vorbereitet. Der Minister hatte die Antworten vor sich auf dem Schreibtisch liegen. Der Reporter fragte und der Minister hat vor der Kamera das Blatt genommen und die Antwort runtergelesen. Die Geschickteren haben es dann vom Schreibtisch gelesen oder vielleicht vorher intus gehabt, aber selten. Freie Antworten hat es so gut wie nicht gegeben. Das ist schon seit vielen Jahrzehnten unvorstellbar. Es wurde im Fernsehen und im Radio nur gesendet, was die Parteien abgesegnet haben – eine totale Zensur. Selbst in der Unterhaltung war es schwierig. Ein Programm wie der „Watschenmann", der das Leben in der Republik kritisch beobachtet hat, wurde sofort eingestellt.

Gemeinsam mit über 50 Zeitungen und Zeitschriften startet der „Kurier" unter Hugo Portisch 1964 das erste Plebiszit in Österreich, das „Rundfunkvolksbegehren". Es wird ein Riesenerfolg. Obwohl die Regierungsparteien es trotz 832.000 Unterschriften gerne in der Schublade verschwinden lassen würden, wird 1966 unter der ÖVP-Alleinregierung von Josef Klaus mit den Stimmen von ÖVP und FPÖ der unabhängige öffentlich-rechtliche ORF geschaffen.

Nimm die Rübe in die Hand!

Die am Rundfunkvolksbegehren beteiligten Zeitungsmacher schwören einander einen feierlichen Eid: Keiner von ihnen wird zum ORF wechseln, denn schließlich haben sie die neue Mediengesellschaft ja nicht zum eigenen Vorteil erkämpft. Doch dann kommt der erste Generalintendant des ORF, Gerd Bacher, 1967 auf Portisch zu. Schon Anfang der 60er-Jahre hat Hugo hin und wieder mit Erfolg im Bayerischen Rundfunk und im österreichischen Schulfernsehen unter Helmut Zilk gesprochen. Bacher lockt Portisch mit einem unwiderstehlichen Angebot: Wir haben keine Korrespondenten, werde Chefkommentator mit Schwerpunkt Außenpolitik, du kannst dir jedes Thema aussuchen!

Der Bacher hat gesagt: „Bitte, du kommst herein und machst jedes große Thema zu einem Kommentar, sooft du willst! Sechsmal in der Woche, aber auf jeden Fall am Samstag den Wochenkommentar, um die großen Entwicklungen in der Welt darzustellen. Auch sonst meldest du dich zu Wort, wann du willst, zweimal am Tag in allen

Journalen, im Hörfunk, denn der ORF hat keine Korrespondenten. Du ersetzt alle und fährst auch dorthin, wo was los ist."

Sage ich: „Wie soll das gehen?" Sagt er: „Du stellst dich vor den Eifelturm, nimmst die Ruam in die Hand und erzählst, was dort los ist!" Wörtlich. Die Ruam, also die Rübe, war das Mikrofon. So haben wir es auch wirklich gemacht: für ein paar Stunden dorthin geflogen, wo was los war, Berlin, Bonn, Paris, Rom, und dann den Kommentar von dort abgegeben. Aber natürlich immer mit gründlicher Recherche.

Trotzdem habe ich dem Bacher gesagt, dass ich mich beim Rundfunk nicht anstellen lasse. Ich mache das alles nur als freier Mitarbeiter. Bis zum heutigen Tag bin ich beim Rundfunk nie angestellt gewesen. Nie. Das war eine Vorbedingung aus dem Volksbegehren heraus, dass ich auf jedes fixe Einkommen und jede ORF-Pension verzichtet hab. Ich wurde pro Kommentar bezahlt, und am Anfang nicht sehr gut, später dann ein bisschen besser, ich kann mich auch nicht beschweren. Aber ich musste sehr viel arbeiten und viele Kommentare machen, damit ich finanziell über die Runden kam.

Der Bacher hat immer gesagt: „Du bist zu teuer." Habe ich geantwortet: „Ich habe keine Pension, keine Sozialversicherung von euch. Ich habe gar nichts von euch. Schau dich an, ihr habt 14, 15 Gehälter im Jahr, manche sogar 16. Ich dagegen bekomme kein Weihnachtsgeld, kein Urlaubsgeld. Ich muss ja das alles für mich selber zahlen. Die Krankenkasse, die Pensionsversicherung und auch die Abfertigung muss ich mir ansparen." Das hat er nie ganz eingesehen. Immer war ich ihm zu teuer. Auch bei allen Dokumentationen, die ich gemacht habe. Er hat jedes Mal gesagt: „Der Portisch ist teuer."

Ist ja egal. Ich weiß nicht, ob ich das überhaupt erzählen soll … Aber so war das halt. Jedenfalls war das mein Auftritt beim ORF, und der kam zu einer ungeheuer günstigen Zeit für all das, was ich dort zu tun hatte.

Keine Zwetschkenknödel, sagt Hanoi

1968: In der Tschechoslowakei regt sich der Prager Frühling gegen den totalitären Kommunismus, in Berlin und Paris brechen gleichzeitig linke Studentenunruhen aus und in Paris findet zur selben Zeit die erste Friedensverhandlung zur Beendigung des Vietnamkriegs zwischen Nordvietnam und den USA statt. Den Universalkorrespondenten Portisch zerreißt es fast, er fliegt ständig zwischen Paris und Prag hin und her. Bis heute unvergessen sind seine Kommentare aus dem aufständischen Prag, teilweise von Menschen umringt:

Ich stand im Zentrum von Prag, am Altstädter Ring, mitten unter den Fußgängern und habe diesen zentralen Kommentar gehalten: „In dieser Stunde entscheidet sich das Schicksal der Tschechoslowakei“, und habe genau geschildert, wie das alles läuft. Ohne Zeitlimit! Ich konnte in der „Zeit im Bild“ auch fünf oder sechs Minuten reden, wenn es das getragen hat. Das gab's nie wieder. Und wie viele Leute angefangen haben, das zu übersetzten, weil viele Deutsch von denen konnten, die da gestanden sind! Dann war der Kommentar zu Ende und auf einmal geht ein Applaus los hinter mir. Viele Leute stehen und applaudieren. ... Ist ein historisches Dokument geworden, dieser Kommentar. Der ORF hatte in Osteuropa einen ausgezeichneten Ruf.

Allenthalben sind die Fernsehteams ausgelastet. Da bekommt Portisch eines Tages überraschend ein Interview mit dem nordvietnamesischen Außenminister in Paris in Aussicht gestellt – wenn es klappt, eine Sensation!

Sage ich: „Wunderbar, großartig. Wann?" – „Heute Abend!" Es war noch Vormittag und ich in Prag. Das Flugzeug nach Paris erreiche ich noch, aber ich habe kein Team in Paris. Rufe ich den Franz „Sansi" Kreuzer, Chefredakteur des Fernsehens in Wien, an und sage: „Ich brauche dringend ein Team in Paris für eine Weltsensation. Wir haben das erste Interview des nordvietnamesischen Außenministers. Der war noch nie außerhalb von Vietnam in einem freien Land. Es ist aber noch nicht sicher." – „Wann werden wir das wissen?" – „Das kann jede Minute konfirmiert werden, das entscheidet sich in Hanoi in der Hauptstadt von Nordvietnam."

Die wissen natürlich, dass das in die Welt hinausgeht. Sie haben sich offenbar einen Neutralen ausgesucht, dem sie das Interview gewähren.

Der Kreuzer sucht also im Rundfunk ein Team und er findet eines, das filmt gerade den Fernsehkoch. Er sagt: „Kinder, ihr müsst euch bereithalten und unter Umständen nach Paris fliegen. In diesem Fall alles abbrechen und sofort nach Schwechat zum Flughafen!" Gut, alles wartet gespannt. Nach einiger Zeit rufen die Kameraleute ihn an: „Wir sind noch immer beim Fernsehkoch und geht sich das noch aus mit den Zwetschkenknödeln? Können wir die Zwetschkenknödel noch filmen?" Schreit der Kreuzer: „Ob ihr die Zwetschkenknödel noch filmen könnt oder nicht, wird soeben in Hanoi entschieden!"

Und so war es. Hanoi hat entschieden: Ich bekomme das Interview, die mussten die Zwetschkenknödel stehen lassen und wir sind rechtzeitig in Paris eingetroffen.

Der Kommentar als Slalomfahrt

Berühmt wird Hugo Portisch für seine frei gesprochenen Analysen und Kommentare im Fernsehen. Sie vor allem werden, neben legendären Livesendungen wie etwa anlässlich der ersten Mondlandung 1969, sein Markenzeichen. Aber woher konnte er das scheinbar so mühelos?

Schon in Iowa (USA) hat der 23-Jährige 1950 zum ersten Mal ein spontanes Radiointerview gegeben und dabei die Scheu verloren, frei zu sprechen. Das prägt fortan nicht nur die Inhalte, sondern auch den typischen Hugo-Portisch-Stil.

Ich habe das alles frei vorgetragen, was eine große Seltenheit war. Zur damaligen Zeit wurde alles gelesen, auch die Nachrichten. Es gab ja keinen Teleprompter und was immer man heute hat.

Was andererseits auch Auswirkungen auf seine Art zu schreiben hat, denn Hugo Portisch hat zeit seines Berufslebens Sekretärinnen zur Verfügung, wovon heutige Journalisten nur träumen können:

Vom ersten Moment an habe ich alle meine Sachen diktiert und das ist so geblieben bis zum heutigen Tag. Alle meine Sekretärinnen waren großartig. Sie waren auf der Maschine so schnell wie Maschinengewehre.

Ob für die Zeitung oder fürs Fernsehen: Der penible Rechercheur mit guten internationalen Kontakten bereitet seine Kommentare stets ganz genau vor, spricht sie aber vor der Kamera scheinbar spontan. Für die „Zeit im Bild“ läuft das so ab: Nach der morgendlichen Redaktionskonferenz Recherche des Themas bis ca. 15 Uhr. Bis 17 Uhr diktiert er seiner Sekretärin die Ausbeute in die Schreibmaschine. Ergebnis: sechs bis acht Typoskriptseiten. Danach markiert er die wichtigsten Stichpunkte, er nennt sie seine „Slalomtore“.

Durch alle Slalomtore muss ich durchkommen bis zum Ziel und keines darf ich auslassen, sonst versteht man den Kommentar nicht. Ich habe meiner Sekretärin immer gesagt: Jetzt schreiben wir die Slalomtore. Aus diesem großen Konzept hole ich mir die wichtigen Punkte raus, die das Problem verständlich machen und beleuchten, warum es so ist. Dann habe ich die Slalomtore abdiktiert. Die kamen dann schon auf eine Ma-

schinenschreibseite. Danach habe ich das alles stehen lassen, habe mich eine halbe Stunde ausgeruht und dann aus dem Gedächtnis heraus noch diese Slalomtore eingekürzt auf Schlagworte und habe sie selbst handschriftlich auf einer Seite Papier niedergeschrieben. Damit habe ich mein Gehirn trainiert auf diese Slalomtore. Dann habe ich den Zettel zerrissen und habe den Kommentar gehalten. Nie einen Zettel mitgenommen. Nie auf einen Zettel geschaut, weil das hätte mich selbst nur irritiert, wenn dort ein Zettel gelegen wäre. Ich wäre auch versucht gewesen, mir dort vielleicht Orientierung zu holen, und das wäre das Ende gewesen. Wenn man vor der Kamera frei spricht und dann auf einmal auf einen Zettel schaut, ist man schon erledigt. Die Schwierigkeit bestand eher darin, dass im Laufe der Zeit die „Zeit im Bild" immer kürzer wurde und damit auch die Kommentare …

1 AM ANFANG WAR DAS ENDE
2 DIE SCHLACHT UM WIEN
3 AUFBRUCH AUS DEM CHAOS
4 DAS ENDE DER ALPENFESTUNG
5 WETTLAUF DER ARMEEN
6 DAS ERBE DES KRIEGES
7 DIE ERSTEN SCHRITTE
8 DAS ÜBER-LAUFENE LAND
9 DAS GETEILTE LAND
10 EIN EINIG VOLK
11 DIE ZEIT DER GENERÄLE
12 ENTSCHEIDUNG FÜR ÖSTERREICH

Von wegen „Land des Vergessens"

An einem Tag im Juni 1981 lädt Gerd Bacher, Generalintendant des ORF, Hugo Portisch und den Kameramann und Produzenten Sepp Riff ins Restaurant des Hotels Intercontinental in Wien ein.

Der Bacher hat gesagt: „Ihr macht großartige Reportagen überall in der Welt. Macht das doch einmal über Österreich." Frage ich: „Wie meinst du das?"

Gerd Bacher schildert seine Idee zu einer fernsehgemäßen Aufarbeitung der Geschichte der Zweiten Republik. Unter dem Titel „Österreich II" wird sie eine der erfolgreichsten TV-Produktionen Österreichs, die in 32 Folgen Maßstäbe in der Dokumentation von Zeitgeschichte setzt. Anfangs im Stil der 80er-Jahre, später immer wieder ergänzt und neu bearbeitet. Mühsam sucht das Team weltweit in Archiven nach Bildmaterial:

Das hat noch nie jemand hier in Österreich gesehen. Ich sagte: „Wir könnten das alles in ein

ORF-Archiv einbringen. Der ORF wird zum zentralen visuellen Gedächtnis der Nation. Das ist ja toll!"

Tatsächlich formt der Historiker Peter Dusek daraus das Historische Archiv des ORF. Später folgen noch Serien wie „Österreich I – Die Geschichte der Ersten Republik" und „Hört die Signale" über die sowjetische und russische Geschichte.

Der Erfolg beim Publikum ist durchschlagend – Hugo Portisch wird als *der* Deuter der österreichischen Zeitgeschichte wahrgenommen und damit zu einer nationalen Institution. Gleich mehrmals bekommt er die Goldene Kamera, die Romy und viele andere Auszeichnungen. Trotzdem regt sich mancherorts auch Kritik, die Darstellung der Geschichte sei zu großkoalitionär angelegt, zu harmonisch geraten und befördere die These von Österreich als Opfer Hitlers. Vor allem letzteren Vorwurf lässt Portisch nicht auf sich und seinem Team sitzen.

Wir waren die Ersten, die immer wieder betont haben, dass überall Österreicher mit am Werk waren und bei allen Gräueltaten mitgemacht haben, und wir haben das lange vor der Affäre Waldheim

1986 dokumentiert. Es wurde uns nicht gedankt. Manche behaupteten: „Weiterhin wird in diesem Land alles vertuscht. Hier redet niemand darüber. Alles wird unter den Teppich gekehrt.“ Ich sagte darauf: „Bitte, schaut euch unsere Dokumentationen an! Nichts wird unter den Teppich gekehrt! Die ganze Mitschuld Österreichs und der Österreicher – allein in ‚Österreich I‘ haben wir sechs Folgen darauf verwendet.“

Das hat mich echt hergenommen – die Tatsache, dass wir so minutiös die Dinge nachgewiesen haben, die Mitschuld der Österreicher auf der ganzen Linie. Es wurde nicht zur Kenntnis genommen. Es konnte eine Öffentlichkeit weiterhin behaupten, dass es nie gezeigt, nie gesagt und nie gehört worden ist. Auch jetzt noch bedienen sich Intellektuelle dieser Floskel: „das Land des Vergessens“, und die Österreicher machen ja nichts und tun ja nichts. Das hat uns wirklich echt aufgeregt. Mich und alle meine Mitarbeiter.

Schreiben Sie mir das!

Waldheim und die Regierung haben sehr unter diesen Kampagnen von außen gelitten.

Hugo Portisch erkennt, dass nach dem Schaden, den das Land durch die Affäre rund um die Vergangenheit des Bundespräsidenten Kurt Waldheim seit 1986 genommen hat, eine Erklärung des offiziellen Österreich zur Nazizeit fällig geworden ist. Die rot-schwarze Bundesregierung ersucht prominente Denker um Ideen. Hugo Portisch verfasst ein Dossier für das Außenministerium, in dem unter anderem eine großzügige Entschädigung der Naziopfer und der Aufbau einer einschlägigen Gedenkkultur vorgesehen sind, vor allem aber eine große Regierungserklärung. Letztere fordert Portisch auch in einem Kommentar in der „Zeit im Bild 2". Das zeigt Wirkung: Bundeskanzler Franz Vranitzky lädt ihn zu einem Gespräch zu sich ein:

Wir haben es besprochen und er hat gesagt: „Das machen wir so!" Darauf habe ich noch angeboten: „Soll ich da behilflich sein bei der Formulierung, weil ich kenne das?" Ich habe es ja auch gerade analysiert gehabt für den Herrn Außenminister Jankowitsch. Außerdem kenne ich die Problematik noch aus New York. Darauf hat man mir in seinem Umfeld gesagt – ich will nicht nennen, wer es war: „Na, das bringen wir schon alleine zustande.“ Wunderbar. Ich bin gegangen und nichts geschah. Habe dann doch einmal auch wieder den Bundeskanzler getroffen und gefragt. Sagt er: „Der Koalitionspartner ist nicht mitgegangen in der Sache.“ Was? Das ist unglaublich! Daraufhin habe ich das ganze Konvolut auch dem Herrn Mock geschickt. Ohne Echo.

1991, als zu Beginn des Jugoslawien-Kriegs wieder einmal der Einsatz der Wehrmacht auf dem Balkan während des Zweiten Weltkriegs thematisiert wird – und nebenbei das Ende der Ära Waldheim in Sicht ist –, meldet sich Portisch erneut bei Vranitzky:

„Wo ist die Regierungserklärung für das ganze Land und für die ganze Welt?“ Dem Vranitzky hat das sofort wieder eingeleuchtet: „Das machen wir unbedingt.“ Habe ich gesagt: „Soll ich es formulieren? Soll ich Ihnen helfen?“ Sagt er: „Schreiben Sie mir das!“ Daraufhin habe ich das geschrieben. Er hat das wörtlich so im Parlament als seine Rede gebracht mit ganz kleinen Korrek-

turen. Diese Rede ist ganz großartig angekommen und in der ganzen Welt beachtet worden.

Das ist der Wendepunkt im Holocaust-Dasein Österreichs. Alle Maßnahmen sind gemacht worden. Es ist der Nationalfonds gegründet worden, es wurde jeder überlebende österreichische Jude in der ganzen Welt angeschrieben. Es hat allgemein überall unseren Ruf in der Welt ganz entscheidend verbessert … Es war eine ganz große Leistung vom Bundeskanzler Vranitzky. Dass ich ein bisschen dazu beitragen konnte, ist eine andere Geschichte. Das ist ja das Tollste an einem Politiker: die richtigen Ideen, die an ihn herangetragen werden, zu erkennen und daraus was zu machen und für das Land einzusetzen.

Kein Abschied von meiner Vision!

1991, die Portischs sind gerade bei einem Jazzfestival in New Orleans, bekommt Hugo telefonisch ein Angebot der Regierungsparteien SPÖ und ÖVP: Sie möchten ihn zum gemeinsamen Bundespräsidentschaftskandidaten machen. Schnell sickert das Gerücht an die Medien durch, doch Portisch sagt sofort ab. Schon früher hatte er Angebote beider Parteien für politische Ämter erhalten und immer abgelehnt, denn Fraktionszwang und Parteidisziplin sind nichts für einen Hugo Portisch:

„Um Gottes willen nur das nicht. Bitte sagen Sie dem Herrn Bundeskanzler, er soll das sofort vergessen, weil nichts will ich weniger als einen solchen Job annehmen. Es wäre nur eine Blamage. Vergesst mich, ich komme dafür nicht infrage."

Im Flugzeug nach Wien bekomme ich den „Kurier" in die Hand. Auf der ersten Seite stand die Headline: „Heute wird dem Portisch die Präsidentschaftskandidatur angetragen." In der Tat war ich sofort eingeladen, ins Kanzleramt zu kommen. Der Bundeskanzler hat mir dieses An-

gebot gemacht. Ich habe ihm ausdrücklich wiederholt – weil ich weiß nicht, ob man es ihm ausgerichtet hat –, dass ich das nicht machen werde. Um Gottes willen, ein Mensch, der im freien Journalismus groß geworden ist! Der immer die Politik kritisch betrachtet hat, weil es notwendig ist. Weil die Presse die Politik kritisch betrachten muss. Sie ist ein Korrektiv für die Politik. In der Demokratie ist es ganz wertvoll, dass die Presse die Politik kontrolliert und die Presse auch aufdeckt, wenn was schiefgeht. Wenn die Presse nicht wäre, wenn die freie Journalistik nicht wäre, weiß Gott, was da alles zusammenkäme an Korruption und Sauhaufen.

Man kann es natürlich so sehen, dass der Bundespräsident kein politischer Job ist. Aber der Bundespräsident ist ein Sklave des Protokolls. Ich habe das ja gewusst. Ich habe ja alle Bundespräsidenten mit Ausnahme vom Renner persönlich gekannt. Da habe ich gesehen, was diese armen Teufel alles aufführen müssen. Jeden ausländischen Botschafter müssen sie empfangen und mit ihm Gespräche führen. Müssen hundert Empfänge im Jahr besuchen. Nationalfeiertage fremder Staaten. Jeder Botschafter kommt und gibt sein Beglaubigungsschreiben und möchte beachtet werden. Da muss man große Tafeln geben. Da wird genau kontrolliert, wer sitzt wo. Staatsbesuche kommen, wiederum große Tafel. Dann muss man herumspazieren vor der Ehrenkompanie …

Irgendjemand hat dann meine Frau gefragt, wie sie dazu steht. Ob sie nicht auf mich einwirken könnte, dass ich das mache. Meine Frau hat sich hinreißen lassen zu sagen: „Das ist kein Geschäft für erwachsene Menschen." Originell, nicht? Es ist natürlich ein Geschäft für erwachsene Menschen, aber eben hauptsächlich protokollarisch und du kannst sehr wenig machen. Nein, in die Präsidentschaftskanzlei zu gehen wäre für mich ein Abschied von meinem Leben gewesen und von meinem Beruf und von meinen Visionen und von allem.

Noch einmal um die ganze Welt

Hannes Steiner

Ich war erst zwölf, als ich Hugo Portisch zum ersten Mal getroffen habe, und zwar bei einer Buchpräsentation seines epochalen Geschichtswerks „Österreich II". „Mit vielem Dank für die Hilfe" steht im signierten Exemplar, weil ich mich um ein Packerl Taschentücher gekümmert hatte. Ich fühlte mich geehrt. Nach der Buchpräsentation gab es eine Einladung, und der große Journalist setzte sich neben mich, kümmerte sich herzlich wenig um die anwesende Prominenz und plauderte mit mir über meine Weltsicht. Ich fand das schon damals bemerkenswert und wurde begeisterter Seher seiner Dokumentationen.

Was lag also näher, als Hugo Portisch als Autor zu gewinnen, als ich mit 30 Jahren meinen eigenen Verlag gründete. In meinem Brief an ihn nahm ich augenzwinkernd höflich Bezug auf meine damalige Hilfe und bat um einen Termin. Den bekam ich und von da an sollten wir uns nie wieder aus den Augen verlieren.

Ich wurde sein Verleger und ein Traum wurde wahr. Über das Buch „Die Olive und wir“ durfte ich den Menschen und das Ehepaar Portisch kennenlernen, mit „Was jetzt“ den Kämpfer für eine Sache, gemeinsam gingen wir für Europa auf die Straße.

„Hugo, du musst doch einmal dein ganzes Leben aufzeichnen“, sagte ich immer wieder zu ihm. Dann lachte er mich wie so oft schelmisch an und verwies darauf, dass er sich nie Aufzeichnungen gemacht habe und gar nicht wisse, wo seine Fotos seien. „Dann erzähl doch alles einem Journalisten!“, beharrte ich. „Wenn ich's jemandem erzähle, dann dir“, war seine Antwort und er sah mich dabei bestimmt an. Und so saß ausgerechnet ich wenige Tage später im Auto auf dem Weg in die Toskana, über den Apennin, weiter nach Florenz und auf halbem Weg nach Pisa ins kleine malerische Bergdorf Massa e Cozzile. Es war nur wenig Zeit geblieben, ein Aufnahmegerät zu besorgen, und der Start war mehr als holprig. Ich hatte wohl beim Abendessen zu viel Rotwein erwischt und eine wirklich schlimme Nacht. Aber ich ließ mir beim Frühstück nichts anmerken, und so begann eine der aufregendsten Wochen meines Lebens. Von früh bis spät saßen wir bei 40 Grad im Schatten im einzigen Raum mit Klimagerät unter der Sonne der Toskana und es begann eine abenteuerliche, in Summe 30-stündige Reise um die ganze Welt – von der Flucht vor der SS-Einberufung zu einem Umsturzversuch von Otto von Habsburg, vom geheimnisvollen China der 1960er-Jahre zu einem Arrest am Flughafen von Havanna. Wie passt so viel in ein Leben?, schweiften kurz mal meine Gedanken ab und sofort wurde ich mit „Interessiert dich das schon?“ zurück ins Jetzt befördert. Und weiter ging es mit den Erzählungen von seiner Journalistenschule in Afrika.

„Wenn ich mal nicht mehr bin, dann kannst du damit machen, was du willst, und lies das Buch ‚Die Broke‘. Der Autor empfiehlt, dass man mit seinem letzten Scheck sein Begräbnis zahlt“, dann machte er eine kurze Pause und ergänzte: „Und dieser Scheck ist ungedeckt.“ Und da war es wieder, dieses liebevoll schelmische Lächeln dieses mutigen Mannes, den ich wirklich vermissen werde.

HUGO PORTISCH (1927–2021)

war einer der großen österreichischen Journalisten und Persönlichkeiten. Humanist, Kosmopolit und überzeugter Europäer. Mit den TV-Produktionen „Österreich I" und „Österreich II" hat er das Geschichtsbewusstsein einer ganzen Nation geprägt. Die Dokumentation über den Zweiten Weltkrieg, gemeinsam mit Henry Kissinger erstellt, sorgte für weltweites Aufsehen. Das von ihm initiierte Rundfunkvolksbegehren für die Unabhängigkeit des ORF war das erste und erfolgreichste in der österreichischen Geschichte. Er war Chefredakteur des „Kurier", später Chefkommentator des ORF und beim Bayerischen Rundfunk.

Martin Haidinger ist Historiker, Buchautor (zuletzt: „Wilhelm Höttl. Spion für Hitler und die USA", Wien 2019) und Journalist in Wien. Er leitet die Redaktion der Wissenschaftsreihe „Salzburger Nachtstudio" im ORF-Radio Ö1.

story.one

Faszination Buch neu erfunden

Viele Menschen hegen den geheimen Wunsch, einmal ihr eigenes Buch zu veröffentlichen. Bisher konnten sich nur wenige Auserwählte diesen Traum erfüllen. Gerade mal 1 Million Autoren gibt es heute - das sind nur 0,0013% der Weltbevölkerung.

Wie publiziert man ein eigenes story.one Buch? Alles, was benötigt wird, ist ein (kostenloser) Account auf story.one. Ein Buch besteht aus zumindest 12 Geschichten, die auf story.one veröffentlicht und dann mit wenigen Clicks angeordnet werden. Und durch eine individuelle ISBN kann jedes Buch dann weltweit bestellt werden.

Jede lange Reise beginnt mit dem ersten Schritt - und dein Buch mit einer ersten Story.

Wo aus Geschichten Bücher werden.
#storiesandbook #geschichtenverbinden